Gustave CHAUVET

# PETITES NOTES
## D'ARCHÉOLOGIE CHARENTAISE

—

### Nº III


1º Survivances payennes.
2º Hilaire Arnaud.
3º Notre Musée.
4º *« Une visse à casser des noix »*.
5º Os UTILISÉS MOUSTÉRIENS.
6º Cimetière antique de Ronsenac.


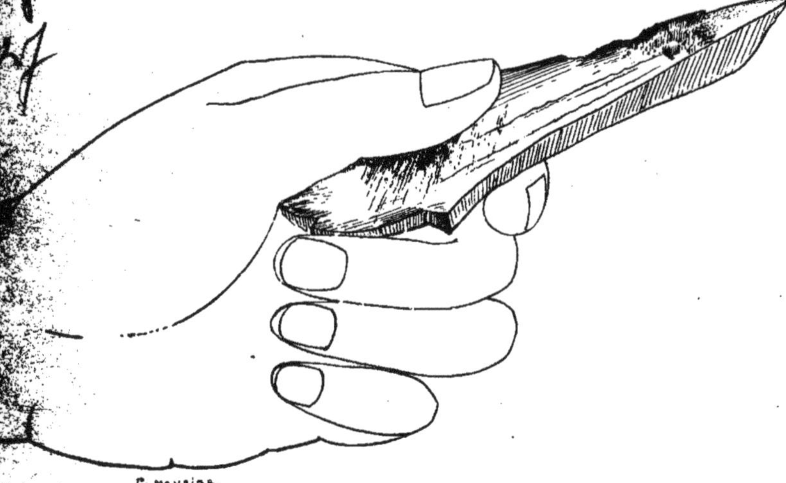


ANGOULÊME

IMPRIMERIE CHARENTAISE, Georges CHASSEIGNAC

—

1909

Gustave CHAUVET



# PETITES NOTES
## D'ARCHÉOLOGIE CHARENTAISE

———

### N° III

1° Survivances payennes.
2° Hilaire Arnaud.
3° Notre Musée.
4° « *Une risse à casser les noix* ».
5° Os utilisés moustériens.

———



## ANGOULÊME

IMPRIMERIE CHARENTAISE, Georges CHASSEIGNAC

—

1909

# PETITES NOTES

## D'ARCHÉOLOGIE CHARENTAISE

———

### Nº III

#### I. — SURVIVANCES PAÏENNES.

(Extrait de la Revue Préhistorique. — 3<sup>e</sup> année 1908. — nº 11).

« Tout se transforme et se modifie, disait l'abbé Cochet, mais rien ne meurt et, si l'on regardait bien autour de soi, on verrait que le présent est... un écho du passé (1). »

Il y a du vrai dans cette pensée et, en regardant autour de nous, nous trouvons, çà et là, des coutumes bizarres, difficiles à expliquer, survivances de vieux usages déformés pendant leur marche à travers les âges.

Ces survivances sont des matériaux utiles pour les études préhistoriques, puisqu'elles peuvent jeter un peu de lumière sur des habitudes dont la véritable origine est oubliée. Tout se tient dans la longue chaîne continue qui relie le présent au passé.

On a écrit bien des pages sur les religions de la Gaule, avant César, et, cependant, quels documents écrits avons-nous sur ce sujet ? Quelques phrases d'auteurs, souvent étrangers au pays dont ils parlent (2). Nous sommes bien là en face d'un sujet d'*avant l'histoire*.

---

(1) Abbé Cochet, *Archéologie céramique et sépulcrale*, ou l'art de classer les sépultures anciennes à l'aide de la céramique. Paris, 1860, in-4°, page 17.

(2) Camille Jullian, *Histoire la Gaule*. Paris, 1908, t. II. p. 87. L'origine des Druides est aussi inconnue que le sens de leur nom. Nous ignorons d'où elle vient, pour les mêmes motifs que nous

Certains usages, certains dictons modernes peuvent,
peut-être, nous aider pour cette étude ; il est utile d'en
fixer le souvenir.

*Supplice de l'eau en l'honneur de Teutatès.*

M. Camille Jullian nous dit qu'en Gaule, chaque divinité avait ses préférences en matière de sacrifices : Esus
demandait que l'on pendît ses victimes à des arbres ; le
dieu de la foudre Taran, dressait les bûchers ; en l'*honneur de Teutatès*, on asphyxiait les misérables en les renversant dans une cuve pleine d'eau... *on les noyait* (1) ; il
cite, comme exemple, la scène reproduite sur l'une des
faces du vase de Gundestrup (2).

Cette coutume gauloise a-t-elle survécu, en se modifiant, jusqu'à la fin du XVIII<sup></sup> siècle ? En restait-il encore
des traces après 2000 ans ?... Peut-être.

Les vieilles habitudes sont tenaces et difficiles à déraciner (3).

Lorsqu'une religion vieillie est remplacée par une
autre conception du monde, répondant mieux à la nouvelle mentalité d'un peuple, elle ne disparaît jamais complètement. Les anciennes formes s'incorporent souvent
aux nouvelles idées, en modifiant leur sens primitif ;
elles survivent alors pendant de longs siècles. C'est ainsi

ignorons d'où viennent les royautés et les dieux celtiques, et toutes
les institutions des pays gaulois : parce qu'avant le second siècle, la
Gaule et ses habitants nous sont presque entièrement inconnus.

Georges Dottin, *Manuel pour servir à l'étude de l'antiquité celtique*. Paris, 1906, chap. V.

(1) Camille Jullian, *Hist. de la Gaule*, t. II, pages 114, 156, 159.

(2) Voir la reproduction de cette scène. *Revue des études anciennes*.
Bordeaux, t. X, 1908, pl. II.

(3) Alexandre Bertrand, *La Religion des Gaulois*, 1897, p. 400 à
406. Décrets des conciles contre les superstitions, du V<sup></sup> au XVII<sup></sup>
siècle.

*Dictionnaire des antiquités grecques et romaines*, Ch. Daremberg
et Edm. Saglio : article *feriae* de C. Jullian, p. 1064. De la persistance des fêtes romaines dans le christianisme.

Goblet d'Alviela, *La migration des symboles*. Paris, 1891.

que l'Hermès criophore survit dans le Bon pasteur (1).
Les rites qui, par leur nature, ne peuvent entrer dans les
nouveaux cadres, sont traqués par des lois sévères (2) ;
ils sont, assez vite, relégués parmi les superstitions des
populations rurales éloignées des grands centres ; les
anciennes divinités deviennent souvent des démons,
quelquefois des saints, suivant les cas. Certains usages
sont ridiculisés par les dirigeants qui veulent les décon-
sidérer aux yeux des masses populaires, toujours très
attachées aux habitudes anciennes.

Les sacrifices à Teutatès se trouvaient probablement
dans cette dernière catégorie ; ils pouvaient difficilement
trouver place dans le christianisme.

Comme document à consulter pour l'étude de ces questions, il est peut-être bon de signaler une coutume exis-
tant dans l'arrondissement de Ruffec, à la veille de la
Révolution, et dont la trace est conservée par un arrêt de
la Cour de parlement du 14 mai 1781 :

*La fête Baladoire de Cellefrouin.*

Extrait du texte de l'arrêt visé ci-dessus :
« Vu par la Cour la requête présentée par le Procureur
« Général du Roi, contenant qu'il a eu avis que chaque
« année il se tient, le jour de la Pentecôte, une assemblée
« au bourg de Cellefrouin, situé dans l'étendue de la
« Justice du Duché de La Rochefoucauld, qu'on appelle
« *Bacherie* (il faudrait lire probablement Bachèlerie),
« qu'on peut retarder comme une Fête baladoire ; que
« les habitants assemblés, rangés autour d'une table qui
« est placée à cet effet au bout de la salle en prennent
« un d'entre eux qu'ils nomment *Baron ; qu'on rend*

<hr>

(1) *Dictionnaire des antiquités...* loc. cit., p. 1810, article *Mercu-
rius*, par Adrien Legrand.

Louis Courajod, *Leçons professées à l'École du Louvre* (1887-1896).
Paris, 1899, t. I, p. 97.

(2) *Dictionnaire des antiquités*, loc. cit. p. 318, art. *Divinatio*, par
A. Bouché-Leclercq.

« *contre lui une espèce de jugement,* par lequel il est
« condamné à être jeté dans la rivière, comme accusé
« d'avoir porté de l'eau avec un crible dans une
« plaine, pour y faire noyer les lièvres et d'avoir
« fait brûler le poisson dans la rivière ; que l'homme
« appelé Baron est ensuite jeté dans la rivière ; qu'on lui
« donne trois livres ; qu'il présente ensuite des bouquets
« à tous les spectateurs qui lui donnent de l'argent ; que
« quand ce qu'ils lui donnent n'est pas suffisant, ou s'ils
« refusent de lui en donner, il prend ceux qu'il peut
« joindre et les jette dans l'eau ; qu'en cas de résistance,
« les habitants qu'on nomme Bacheliers, viennent à son
« secours et frappent sur tous ceux qu'ils rencontrent
« sans distinction (1). »

Cette coutume n'est-elle qu'une critique imaginée par
les serfs du moyen âge contre les mauvais juges de leur
temps? C'est possible ; mais il se pourrait aussi qu'elle fût
un vieux souvenir des sacrifices à Teutatès, par noyade,
et remontât à une époque plus lointaine et qu'elle eût
une origine païenne, comme les étrennes, les Feux de
Saint-Jean, la Fête des fous, etc.

### Le Diable bat sa femme.

Un dicton répandu en Saintonge est relatif à la pluie
qui tombe lorsque le soleil conserve tout son éclat ; on
dit alors : « Le diable bat sa femme à coup de bonnet. »

J'ai souvent entendu cette phrase dans la bouche des
paysans de l'arrondissement de Jonzac et des environs
de Pons, il y a soixante ans. Depuis, je fus étonné de la
retrouver, à peu près semblable, citée comme populaire
en Hongrie, par M. Sigismond de Justh :

« Eva dit à Anyos, son mari : Je crains bien que la
« rouille n'envahisse notre blé ; hier le soleil s'est

(1) Sept pages in-4° ; à Paris, chez Simon, imprimeur du Parlement, rue Mignon-Saint-André-des-Arcs, 1781. Voir le texte entier,
page 6.

échauffé subitement, le diable a battu sa femme pendant une bonne demi-heure (1). »

Si l'auteur a bien reproduit un dicton hongrois, ce que je ne puis vérifier, il est difficile d'admettre que cette idée bizarre du diable battant sa femme, soit née séparément sur deux points de l'Europe aussi éloignés l'un de l'autre que la Charente et la Hongrie.

Il est permis de se demander s'il n'y a pas là une survivance d'un vieux culte solaire — d'avant l'histoire — propre à une grande partie de l'Europe et dont nous n'aurions conservé qu'un très vague souvenir (2).

La mythologie des peuples primitifs représente fré-quemment la lutte du ciel ou du soleil contre les nuages, sous les traits d'un combat entre un aigle et un ser-pent (3). Dans l'exemple précédent la même idée est présentée sous une forme différente.

Toutes ces vieilles coutumes et vieilles phrases popu-laires sont à conserver; la génération qui naît ne les trouvera plus en usage.

(1) Sigismond de Justh, *Le livre de la Pousta*, traduit du hongrois, par G. Vautier, 2ᵉ édition, 1892, p. 201.

(2) Alexandre Bertrand, *loc. cit.*, XIVᵉ leçon, p. 185.

Frantz Cumont, *Les Religions orientales dans le paganisme romain*. Paris, 1906, chap. VII.

H. de Laville de Miremont, L'astrologie chez les Gallo-Romains. *Revue des études anciennes*. Bordeaux, année 1903 à 1907.

Ch. Renel. *Les Religions de la Gaule avant le christianisme*. Paris, 1906, p. 210 a 221.

(3) Goblet d'Alviela, *loc. cit.*, p. 23.

SURVIVANCES PAYENNES

(Annexe)

*Arrêt du Parlement sur diverses bachelleries, du 4 mai 1781.*

Extrait du *Bulletin* de la Société archéologique et historique
de la Charente. — Séance du 12 novembre 1908.

M. G. Chauvet fait connaître le texte d'un arrêt du Parlement en date du 4 mai 1781 indiquant une cérémonie bizarre, en usage à Cellefrouin, le jour de Pentecôte : on y procédait à un jugement burlesque terminé par un simulacre de noyade du condamné.

Le texte de ce curieux arrêt mérite d'être conservé.

Arrest de la cour de Parlement : qui fait défenses à toutes personnes, de quelqu'état et condition qu'elles puissent être, de s'assembler ni de s'attrouper, sous quelque prétexte que ce puisse être, le jour de Pâques, dans la paroisse de Rouillac, le jour de la Pentecôte dans la paroisse de Cettefrouin, et le jour de Noël et les deux fêtes suivantes dans la paroisse de Genac et dans la paroisse de Saint-Cybardeau, pour jeter aucunes personnes dans l'eau, soit pour jouer à la boulle, soit pour battre du tambour et danser, soit pour exiger aucunes sommes des personnes qu'ils peuvent rencontrer ;

Fait pareillement défenses, tant aux habitants des dites paroisses de Rouillac, de Cettefroin, de Genac et de Saint-Cybardeau, qu'aux habitans des autres paroisses situées dans l'étendue de la justice du duché de la Rochefoucault, de s'assembler les dimanches et fêtes dans les paroisses pour y danser ou boire dans les cabarets ;

Faits défenses à tous marchands d'étaler et de

vendre dans les paroisses aucunes marchandises les jours de dimanches et de fêtes ; aux aubergistes et cabaretiers, de donner à boire les jours de dimanches et de fêtes pendant le tems du service divin, ni en tout tems après huit heures du soir en hiver, et après dix heures du soir en été :

Le tout sous les peines portées par ledit arrêt.

Extrait des registres du Parlement, du quatre mai mil sept cent quatre-vingt-un :

Vu par la Cour la requête présentée par le Procureur général du Roi, contenant qu'il a eu avis que chaque année il se tient, le jour de la Pentecôte, une assemblée au bourg de Cettefroin, situé dans l'étendue de la justice du duché de la Rochefoucault, qu'on appelle *Bacherie* qu'on peut regarder comme une fête baladoire ; que les habitans assemblés, rangés autour d'une table qui est placée à cet effet au bout de la halle, en prennent un d'entr'eux qu'ils nomment *Baron* ; qu'on rend contre lui un espèce de jugement, par lequel il est condamné à être jetté dans la rivière, comme accusé d'avoir porté de l'eau avec un crible dans une plaine, pour y faire noyer les lièvres, et d'avoir fait brûler le poisson dans la rivière ; que l'homme appelé Baron est ensuite jetté dans la rivière ; qu'on lui donne trois livres ; qu'il présente ensuite des bouquets à tous les spectateurs, qui lui donnent de l'argent ; que quand ce qu'ils lui donnent n'est pas suffisant, ou s'ils refusent de lui en donner il prend ceux qu'il peut joindre, et les jette dans l'eau ; qu'en cas de résistance, les habitans qu'on nomme *Bacheliers*, viennent à son secours, et frappent sur tous ceux qu'ils rencontrent sans distinction. Que dans la paroisse de Genac, il se tient une assemblée le jour de Noël et les deux fêtes suivantes ; que ceux qui se sont mariés dans le

courant de l'année, jettent une boule au sortir de la
messe et de vêpres devant la porte de l'Église ; que
les jeunes gens armés de bâtons frappent la boule,
et se la renvoyent de l'un à l'autre ; que si un nouveau marié ne jette pas la boule, on le saisit ; qu'on
crie à l'eau, où il est jetté, à moins qu'il ne crie au
vin, auquel cas on le mène au cabaret, où il est forcé
de payer du vin ; que ceux qui sont spectateurs, doivent avoir une houssine ou un bâton, sans quoi ils
seroient saisis et traités comme les nouveaux mariés. Que dans la paroisse de Saint-Cybardeau, les
nouveaux mariés sont obligés de se rendre dans un
pré, et d'y porter une boule qu'ils jettent devant
ceux qui sont assemblés ; que ceux qui veulent
renvoyer la boule et jouer, ont un morceau de bois
double ; que ceux qui ne veulent pas jouer, sont
obligés d'avoir une houssine à la main, sans
quoi ils seroient saisis par ceux qui jouent et
obligés de leur payer du vin, et, en cas de refus,
jettés dans l'eau. Que dans la paroisse de Rouillac,
on présente le jour de Pâques, à la sortie de la
messe, une corne à celui des habitans qui est le
dernier marié, lequel la remet et la rend aux jeunes
avec de l'argent pour boire ; que les jeunes
gens se la renvoient des uns aux autres, battent du
tambour, et dansent le reste de la journée et une
partie de la nuit. Que dans la plupart des autres
paroisses situées dans l'étendue de la justice du
duché de la Rochefoucault, il y a des assemblées
qu'on appelle *Frairie* qui se tiennent les jours de
dimanches ou de fêtes du Patron, où les marchands
se rendent, étalent et vendent des marchandises ;
qu'on y danse et qu'on se rend ensuite dans les
cabarets pour y boire, et que de ces différentes
assemblées, il en résulte beaucoup d'excès et de

désordres ; enfin que les cabaretiers et aubergistes donnent à boire les jours de dimanches et fêtes pendant le tems du service divin, et en tout tems pendant la nuit ; et. comme les fêtes baladoires et autres semblables ont été supprimées par arrêt des grands jours, du 14 décembre 1665, et par un autre arrêt de la Cour du 3 septembre 1667, avec défenses à toutes personnes d'en faire aucunes, et qu'il est important de renouveller les dispositions de ces arrêts. pour prévenir et empêcher les abus qui résultent de pareilles assemblées :

A ces causes requéroit le Procureur général du Roi, qu'il plût à la Cour ordonner que les arrêts des 14 décembre 1665 et 3 septembre 1667 seront exécutés ; en conséquence, faire défenses à toutes personnes de quelqu'état, qualité et condition qu'elles puissent être, de s'assembler ni de s'attrouper. sous quelque prétexte que ce puisse être le jour de Pâques dans la paroisse de Rouillac, le jour de la Pentecôte dans la paroisse de Cettefroin, et le jour de Noël et les deux fêtes suivantes dans la paroisse de Genac et dans la paroisse de Saint-Cybardeau, pour jetter aucunes personnes dans l'eau, soit pour jouer à la boule, soit pour battre du tambour et danser, soit pour exiger aucunes sommes des personnes qu'ils peuvent rencontrer ; faire pareillement défenses, tant aux habitans des dites paroisses situées dans l'étendue de la justice du duché de la Rochefoucault, de s'assembler les dimanches et fêtes dans les paroisses pour y danser ou boire dans les cabarets. à peine de cinquante livres d'amende contre chaque contrevenant. même d'être poursuivis extraordinairement. si le cas y échet ; ordonner que les peres et mères, à l'égard de leurs enfans, et les maîtres et maîtresses. à l'égard de leurs domestiques,

seront et demeuront responsables de l'amende ;
faire défenses, sous les mêmes peines, à tous marchands, d'étaler et de vendre dans les paroisses
aucunes marchandises les jours de dimanches et
fêtes, aux aubergistes et cabaratiers de donner à
boire les jours de dimanches et fêtes, pendant le
temps du service divin, ni en tout temps après huit
heures du soir en hiver, et après dix heures du soir
en été, sous peine de vingt livres d'amende contre
les cabaretiers et aubergistes, de cinq livres d'amende
contre chacun de ceux qui seront trouvés à boire
chez eux, du double en cas de récidive, même d'être
poursuivis extraordinairement suivant l'exigence des
cas ; enjoindre aux officiers de la justice du duché
de la Rochefoucault, de tenir la main à l'exécution
de l'arrêt qui interviendra ; et, en cas de contravention, de procéder contre les contrevenans par les
voies de droit, ainsi qu'il appartiendra ; enjoindre
pareillement aux officiers et cavaliers de maréchaussée de prêter main-forte, si besoin est, pour
l'exécution du dit arrêt, lequel sera lu et publié,
chaque année, à la requête du Procureur général de
la justice du duché de la Rochefoucault, à l'issue des
messes paroissiales, à la porte des églises situées
dans l'étendue de la dite justice, imprimé et affiché
par-tout où besoin sera, notamment dans les bourgs
et paroisses situés dans l'étendue de la justice du
duché de la Rochefoucault : la dite requête signée du
Procureur général du Roi. Oui le rapport de M<sup>e</sup> Léo-
nard de Sahuguet d'Espagnac, conseiller : **Tout
considéré.**

La Cour ordonne que les arrêts des 14 décembre 1665, et 3 septembre 1667, seront exécutés ; en
conséquence, fait défenses à toutes personnes de
quelqu'état et condition qu'elles puissent être, de

s'assembler ni de s'attrouper, sous quelque prétexte
que ce puisse être, le jour de Pâques dans la paroisse
de Rouillac, le jour de la Pentecôte dans la paroisse
de Cettefroin, et le jour de Noël et les deux fêtes suivantes dans la paroisse de Genac, et dans la paroisse
de Saint-Cybardeau, pour jetter aucunes personnes
dans l'eau, soit pour jouer à la boule, soit pour
battre du tambour et danser, soit pour exiger aucunes sommes des personnes qu'ils peuvent rencontrer, fait pareillement défenses, tant aux habitans
desdites paroisses de Rouillac, de Cettefroin, de
Genac et de Saint-Cybardeau, qu'aux habitans des
autres paroisses, situées dans l'étendue de la justice
du duché de la Rochefoucault, de s'assembler les
dimanches et fêtes dans les paroisses, pour y danser
ou boire dans les cabarets, à peine de cinquante
livres d'amende contre chaque contrevenant, même
d'être poursuivis extraordinairement si le cas y
échet ; ordonne que les pères et mères à l'égard de
leurs enfants, et les maîtres et maîtresses à l'égard
de leurs domestiques, seront et demeuront responsables de l'amende, fait défenses, sous les mêmes
peines, à tous marchands, d'étaler et de vendre
dans les paroisses aucunes marchandises les jours
de dimanches et de fêtes ; aux aubergistes et cabaretiers, de donner à boire les jours de dimanches et
de fêtes pendant le temps du service divin, ni en tout
temps après huit heures du soir en hiver, et après
dix heures du soir en été, sous peine de vingt livres
d'amende contre les cabaratiers et aubergistes, de
cinq livres d'amende contre chacun de ceux qui
seront trouvés à boire chez eux, du double en cas
de récidive, même d'être poursuivis extraordinairement suivant l'exigence des cas ; enjoint aux officiers
de la justice du Duché de la Rochefoucault de tenir

la main à l'exécution du présent arrêt, et, en cas de contravention, de procéder contre les contrevenans par les voies de droit, ainsi qu'il appartiendra ; enjoint pareillement aux officiers et cavaliers de maréchaussée de prêter main-forte, si besoin est, pour l'exécution du présent arrêt, qui sera lu et publié, chaque année, à la requête du Procureur fiscal de la justice du Duché de la Rochefoucault, à l'issue des messes paroissiales, à la porte des églises situées dans l'étendue de ladite justice, imprimé et affiché par-tout où besoin sera, notamment dans les bourgs et paroisses situés dans l'étendue de la justice du duché de la Rochefoucault. Fait en Parlement, le quatre mai mil sept cent quatre-vingt-un. Collationné Lutton.

*Signé :* DUFRANC.

A Paris, chez P.-G. Simon, imprimeur du Parlement, rue Mignon-Saint-André-des-Arcs, 1781.

## II. — HILAIRE ARNAUD.

Extrait du *Bulletin* de la Société archéologique et historique
de la Charente. — Séance du 9 décembre 1908.

M. Chauvet résume les travaux de M. Hilaire Arnaud
avocat à Angoulême, membre de la Société géologique de
France, décédé en notre ville le 1er novembre 1907.

Notre compagnie ne le comptait pas au nombre de ses
membres, et, à première vue, ses travaux paraissent
étrangers à nos études habituelles ; ils s'y rattachent
cependant de près.

Autrefois, Histoire et Géologie étaient deux études bien
différentes ; d'un côté des textes, de l'autre des os et des
pierres... on n'apercevait pas de contact. Aujourd'hui la
préhistoire a établi un lien ; car la méthode des géologues
est indispensable aux recherches sur l'humanité pri-
mitive.

H. Arnaud a été un maître en ces matières et sa valeur
scientifique a été bien mise en lumière par M. de Grossouvre dans une biographie récente (1).

Les nombreux fossiles soigneusement recueillis par lui
ont permis de montrer dans les divers étages de nos
terrains charentais l'extinction graduelle des espèces et
leur renouvellement progressif.

L'un des premiers, il a entrevu la grandeur des phéno-
mènes d'érosion constatés, jusqu'aux temps quaternaires,
et qui éclairent la formation de nos vallées et de leurs
couches d'alluvions.

Il contribua dans une large mesure, en dépit d'une vive
opposition, à mettre en lumière les principes fondamen-
taux de la *stratigraphie* qui servent maintenant de base
solide aux premiers chapitres de l'histoire humaine.

Ses précieuses collections, si soigneusement classées,
n'ont pas passé à l'étranger comme celles de Pellat ; elles

(1) A. de Grossouvre, notice nécrologique sur H. Arnaud. *Bulletin
de la Soc. géologique de France*, 4e série, t. VIII, 1906, p. 223 à 233,
contenant la liste de ses travaux scientifiques.

sont restées françaises ; suivant sa volonté formellement exprimée, elles vont être intallées à la Sorbonne dans une salle spéciale, qui portera le nom de salle Arnaud.

Si, dans l'avenir, quelque Charentais, curieux du passé, a l'idée d'écrire le « Livre d'or » de notre région, une bonne place y sera réservée à H. Arnaud. Et nous faisons dès maintenant œuvre d'histoire, en conservant dans nos Bulletins le souvenir de ce savant bienveillant, qui sut inspirer un sympathique respect par la sincérité désintéressée de sa pensée, et l'intégrité de sa vie.

### III. — NOTRE MUSÉE.

Extrait du *Bulletin* de la Société archéologique et historique de la Charente. — Séance du 9 décembre 1908.

M. G. Charvet rend compte de la visite faite par le Bureau au Musée archéologique, en vue de sa réorganisation :

L'espace est trop restreint pour contenir tous les objets, ce qui rend difficile un classement méthodique, comme l'a fait justement observer M. É. Biais.

Un important travail a cependant été commencé dans cette voie, par MM. Foureur et Bellon, pour la collection Dulignon Desgranges et pour la vitrine plate de la collection Henri Germain : il permet déjà de juger le réel intérêt du nouveau classement qui va être continué pour la grande vitrine verticale contenant les objets recueillis dans les alluvions anciennes.

Si, comme il y a lieu de l'espérer, un local suffisant est mis à la disposition de notre Société, notre Musée deviendra réellement utile et instructif : le visiteur en le parcourant fera, pour ainsi dire, une *course à travers les âges*.

Il verra d'abord dans la collection H. Germain les ossements des éléphants, des rhinocéros, des hippopotames provenant du vieux lit de la Charente à Tilloux, à Saint Amand de Graves, aux Planes, avec les gros cailloux taillés en pointe qui servaient aux premiers Charentais à chasser ces grosses bêtes.

Dans la vitrine suivante..... le curieux outillage trouvé dans nos grottes charentaises, habitées autrefois par des chasseurs de rennes armés de flèches en os, véritables artistes qui ornaient de fines gravures leurs armes et les rochers sous lesquels ils cherchaient un abri contre le froid, plus vif alors que de nos jours.

A la suite. les haches polies. les grands poignards en silex, les vases grossiers faits sans l'aide du tour, recueillis dans les tumulus de la forêt de Boixe. donneront une idée d'une industrie toute différente qui a remplacé les premières.

Puis viendront les témoignages de l'âge du bronze. si bien représenté en Charente par les cachettes de Vénat. de Chebrac, de Biarge, etc.

Les civilisations gauloise et gallo-romaine ne feront pas défaut, elles ont laissé leurs traces profondes sur bien des points de notre sol et il faudra une large place pour loger : mosaïques, statues, bas-reliefs, nombreuses monnaies, vases et objets divers provenant de Jarnac, Angoulème, Messeux, Luxé. Fouqueure. Verteuil et de ces deux grandes villes romaines édifiées autrefois à Chassenon et au bois des Bouchauds.

L'industrie des barbares Francs et Visigoths sera bien représentée par les trouvailles faites à Courbillac, Fléac, Verteuil, Saint Front... et, s'il est possible. par des pièces recueillies à Herpes.

Quant aux époques historiques : Moyen-âge, Renaissance. derniers siècles. les matériaux de leurs civilisations abondent toujours : sceaux. monnaies, jetons, émaux, pierres tombales. manuscrits et sculptures de toutes sortes.

Si tous nos objets étaient bien classés et mis en lumière, ils constitueraient un véritable enseignement, par l'œil, de notre histoire régionale..... *une excellente leçon de choses.*

Pour ce classement chronologique il faudra nécessairement diviser quelques collections en *séries homogènes* ne comprenant que des pièces de même époque, et portant l'indication des provenances avec le *nom des donateurs*.

Ces séries de même âge réunies en groupes classés chronologiquement formeront un ensemble d'un réel intérêt, permettant d'avoir rapidement un coup d'œil général sur l'évolution de l'industrie humaine en Charente, depuis l'apparition de l'homme dans notre région jusqu'à nos jours.

Nous pourrions ainsi constituer, avec des objets, l'histoire charentaise d'avant les textes et donner en outre à l'histoire proprement dite de précieux documents.

Les départements voisins ont dépensé de grosses sommes pour leurs musées, il suffirait — en ce moment — de fournir à notre Société un local assez grand, pour y voir réunis et classés, à bref délai, des documents d'une réelle valeur historique.

Les sols de la Charente et de la Dordogne ont fourni, depuis quelques années, d'importants matériaux pour l'histoire des temps primitifs ; — les plus précieux, méconnus par nous, passent à l'étranger. Les plus beaux objets recueillis aux Eyzies, au Moustier, à la Madeleine, par Ed. Lartet sont passés depuis longtemps en Angleterre où le trésor de Cherves vient de les suivre. Les trouvailles faites dans la vallée de la Tardoire sont dispersées ; une grande partie des objets de La Micoque dont l'importance a été signalée, en 1896, dans nos Bulletins, sont passés au musée de Cologne et autres collections allemandes.

Faisons ce qui est utile pour conserver chez nous ces précieux documents de nos civilisations disparues.

Le grand public n'a pas le temps de s'intéresser sérieusement à ces questions, mais il comprend cependant qu'un peuple ne vit pas seulement de richesses matérielles et d'instruction professionnelle ou élémentaire ; les recherches purement scientifiques ou intellectuelles — sans profit matériel apparent — ont aussi leur rôle important dans la vie sociale.

A ce point de vue, M. G. Chauvet propose de nommer une commission chargée d'examiner les moyens d'avoir, pour notre Musée et notre Bibliothèque, une place suffisante dans un édifice public.

L'heure semble propice puisque la ville et le département se trouvent, actuellement, propriétaires de vastes bâtiments inoccupés dont la destination n'est pas encore déterminée.

La Société approuve cette proposition et nomme pour son étude une commission composée de MM. George, Sazerac de Forge, Triou et de La Martinière.

---

### IV. — « UNE VISSE A CASSER LES NOIX »

Extrait du *Bulletin* de la Société archéologique et historique de la Charente. — Séance du 13 janvier 1909.

M. G. Chauvet fait la communication suivante :

Le but principal de notre Société est de publier d'importants travaux ou documents inédits sur notre région ; mais elle a aussi un rôle plus modeste et cependant utile : récolter des miettes pour l'histoire, menus détails biographiques sur les individus, minuscules observations ethnographiques sur les choses. A ce dernier point de vue il y a lieu de signaler un casse-noisette en bois recueilli à Ruffec (fig. 1).

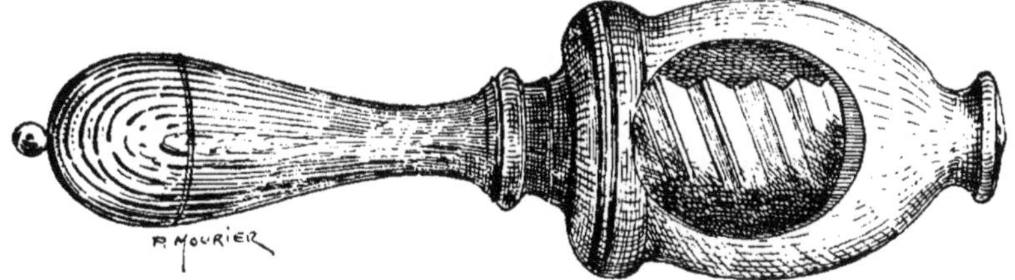

Fig. 1 (grandeur réelle).

Les plus anciens de ces petits ustensiles qui paraissent remonter au XIV° siècle avaient la forme d'une pince ; on les nommait alors *truquoise ou turquoyse* ; quelques-uns étaient de vrais bijoux, tels que celui dont il est fait mention dans le testament de Jean d'Évreux (1392), « une turquoise d'argent à casser les noisettes pesant 6 onces et prisée ix livres ». (1)

Le type de notre figure est plus récent ; il n'est plus en usage, en Charente, mais on en fabrique d'analogues diversement sculptés en Allemagne et en Suisse.

A la fin du XVI° siècle, ces objets devaient être très communs puisqu'ils faisaient partie des lots offerts aux public, dans les fêtes foraines.

M. Marcel Poète donne à ce sujet (2) un texte intéressant, dans sa description d'un jour de l'an à Paris, sous Louis XIII ; après avoir énuméré les divertissements variés présentés à cette occasion, il cite la blanque, jeu de hasard dont les billets gagnants correspondaient, d'après un poète du temps, à des lots divers :

« Une tabaquière de bois,

« *Une visse à casser des nois,*

« Un petit marmouset d'albâtre,

« Des gans blanchis avec du plastre », etc.

Notre figure représente bien « une visse à casser les nois... » ou plutôt les noisettes eu égard à sa grandeur.

---

### V. — OS UTILISÉS MOUSTÉRIENS.

M. CHAUVET présente ensuite des os provenant de ses dernières fouilles, dans une couche moustérienne de l'abri de la Grotte à Melon, près Châteauneuf, extrémités inférieures d'humérus, premières phalanges de chevaux et de bisons ayant servi d'enclumes ou de billots.

Il attire tout spécialement l'attention sur une série spéciale d'esquilles osseuses portant de nombreuses traces de coupures. Les unes (fig. 2) ayant probablement servi d'enclumes ou de billots portent généralement sur toute

---

(1) *La Grande Encyclopédie,* Paris, H. Lamirault, t. ix, p. 699.
(2) *Revue bleue* du 9 janvier 1909, p. 61.

leur surface des traces de coups violents qui ont très
souvent fait éclater l'os ou, du moins, l'ont fortement
fissuré.

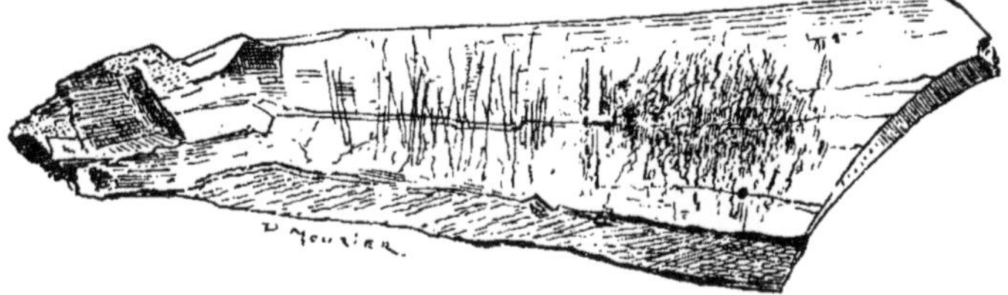

Fig. 2 (grandeur réelle).

Les autres ont subi un travail différent, moins violent ;
elles sont, en général, terminées en pointe à l'un des
bouts, quelquefois aux deux, et les coupures se loca-
lisent aux extrémités (fig. 3) ; la partie moyenne n'en
porte pas.

En regardant l'os placé verticalement, ou bien l'un des
bouts dirigé vers l'observateur. les coupures apparaissent
très nettes, se dirigeant quelquefois perpendiculairement
au grand axe de la pièce ; le plus souvent elles sont légè-
rement inclinées de gauche à droite en partant du
haut, près de la pointe ; il est très exceptionnel de voir
les coupures s'inclinant de droite à gauche.

Il semble que les lignes ainsi creusées ont été faites par
un silex tenu de la main droite sur un os fixé dans la
main gauche (fig. 4).

L'ouvrier tenait l'os tantôt par un bout, tantôt par
l'autre, pratiquant ainsi des coupures aux deux extrémités de la pièce dont la partie moyenne était garantie
par le pouce.

Ce mode de travail peut se constater sur plusieurs
galets et ossements publiés depuis longtemps, mais qui
n'ont pas suffisamment attiré l'attention.

A quel usage servaient ces esquilles recueillies en grand
nombre dans les débris de cuisine des stations moustériennes de la Charente... ?

... Peut-être servaient-elles d'appui pour couper les

tranches de chair, sur l'animal, bœuf, cheval ou renne apporté au foyer et sur lequel chacun venait détacher sa part (1).

M. G. Chauvet reviendra ultérieurement sur cette observation, il la signale aux préhistoriens pour qu'ils examinent leurs récoltes à ce point de vue.

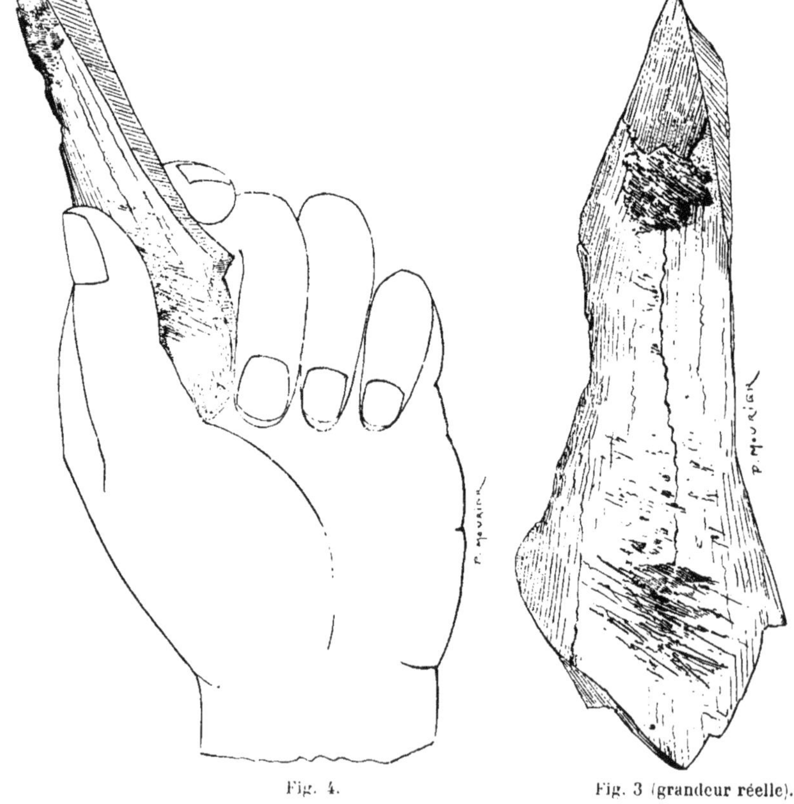

Fig. 4.                    Fig. 3 (grandeur réelle).

(1) En Algérie, les Arabes servent le mouton tout entier, à sa sortie de la broche, et chaque convive vient y couper avec son couteau la part lui revenant.

Extrait du *Bulletin* de la Société archéologique et historique
de la Charente. — Séance du 10 Mars 1909.

M. G. Chauvet présente des phalanges de bison provenant de diverses stations moustériennes de la Charente
et portant sur leur face latérale extérieure de nombreuses coupures.

Dans une note présentée à la Société préhistorique de
France en 1906 (1), il avait considéré ces incisions comme
résultant de la désarticulation du pied, avec une lame
tranchante ; cette idée fut combattue par de sérieux
arguments ; elle ne peut être maintenue que pour des
cas exceptionnels.

Les esquilles examinées à la séance du 13 janvier dernier permettent une explication plus satisfaisante. Les
phalanges de bison, très facilement maniables, étaient
probablement tenues par la main gauche, comme l'indi-
que la fig. 5, et la main droite, avec un silex tranchant
(fig. 6), traçait les coupures observées sur l'os utilisé pour
un travail difficile à déterminer.

Peut-être se servait-on de ces petits os, comme point
d'appui, pour couper en lanières des peaux de bêtes sus-
pendues à une branche. Aujourd'hui nous les couperions
en les étendant sur une table ou sur une surface plane,
mais ces places, à la fois unies et résistantes, devaient
être rares chez les hommes du Ménieux, de La Quina,
du Petit-Puymoyen, etc., dont les habitudes industrielles
nous sont imparfaitement connues.

Les hommes qui habitaient la Charente à l'époque du
Moustier subissaient un climat froid favorable au renne ;
ils se vêtissaient, peut-être, à la façon des Samoyèdes

______

(1) *Bulletin de la Société préhistorique de France*, 1906, p. 189
à 200.

Discussion sur l'usage de l'os comme outil à l'époque moustérienne,
Dr Marcel Baudouin, G. Chauvet, Dr Henri Martin, Huc, Taté, A. de
Mortillet.

Bull. Soc. arch. et hist. de la Charente, 12 juin 1907.

Fig. 5. — Première phalange de bovidé, tenue à la main (réduite).

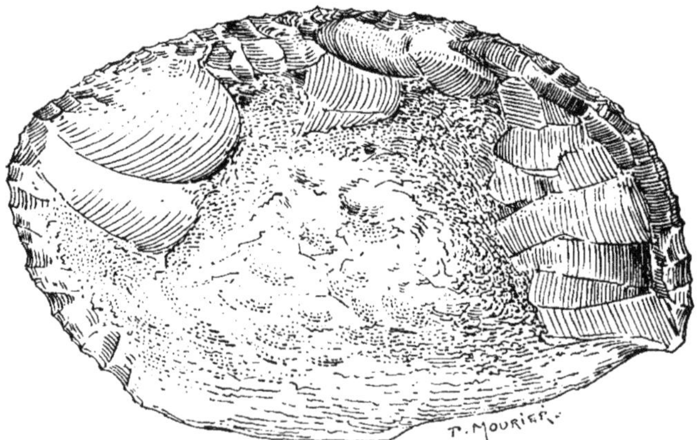

Fig. 6. — Racloirs en silex 1/1, recueilli avec la phalange fig. 5

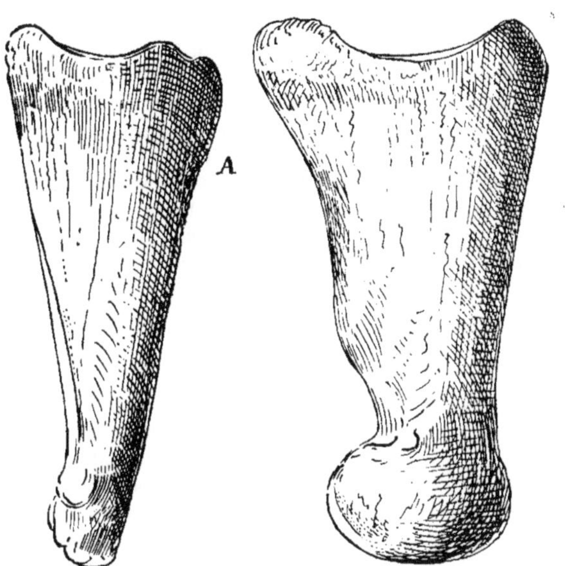



Fig. 7. — Première phalange de cheval. Polissoir (vue de profil 1/1).

Fig. 8. — Première phalange de cheval, état normal (vue de profil 1 1).

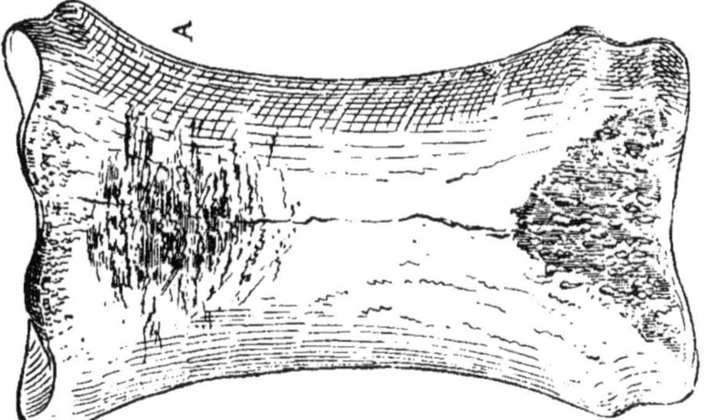



Fig. 9. — Première phalange de cheval. Polissoir (vue de face 1 1.)

modernes qui, d'après le P. Petitot (1), se tricottent des
vêtements sans coutures avec des lanières coupées dans
des peaux du lièvre arctique. C'est à cette coutume que
certaines tribus doivent leurs noms de Peaux de Lièvre.

Telle est la question à examiner, d'après les pièces
recueillies dans nos stations moustériennes.

Dans une science nouvelle, comme la préhistoire, il ne
faut pas craindre de faire des hypothèses, à condition
de les abandonner de bon cœur, devant des objections
sérieuses ou des explications meilleures.

———

Séance du 7 Avril 1909.

M. G. CHAUVET présente une première phalange de
cheval, fig. 7 et 9, par lui recueillie dans une couche
moustérienne de l'abri de la Grotte à Melon (Châteauneuf);
elle porte à la partie supérieure de sa face antérieure des
coupures transversales analogues à celles constatées sur
diverses esquilles de la même couche, fig. 3 ; la partie
inférieure a été fortement amincie sur ses deux faces,
comme il est facile de le constater en comparant la fig. 7
à une phalange entière, fig. 8.

Le travail d'amincissement a eu lieu à un moment où
les coupures de la partie supérieure existaient déjà.

Une pièce analogue a été trouvée à La Quina par le
Dr Henri Martin (2), il croit que l'usure a été obtenue par
frottement sur un corps rugueux, du grès, par exemple.
La pièce présentée par M. Chauvet semble avoir été usée
sur une substance non rugueuse ; elle ne porte aucune
strie et le polissage est analogue à celui qui résulterait
d'un frottement prolongé sur une peau ou sur du bois.

M. A. Favraud a recueilli, dans la grotte du Roc,
commune de Sers, des extrémités d'os détachés en biseau

<hr>

(1) Le R. P. Petitot, Ethnographie : De l'origine asiatique des
Indiens de l'Amérique arctique. *Les Missions catholiques*, 1879, p. 543.
(2) *Bull. Soc. préhist. de France*, 27 février 1908, p. 111, fig. 1.

et un astragale de cheval ayant servi de polissoirs ; couche postmoustérienne (1).

Ce type de polissoir à main est intéressant à constater dans les couches moustériennes ; c'est bien un véritable outil actif en os.

---

## VI. — QUELQUES OBJETS DU CIMETIÈRE ANTIQUE DE RONSENAC

Extrait du *Bulletin* de la Société archéologique et historique de la Charente. — Séance du 12 mai 1909.

M. G. CHAUVET présente, de la part de Mlle Marguerite Roche, demeurant à la Verrerie, un curieux manche de poignard et un grain de collier que lui a confiés notre collègue M. Bastier ; ces deux objets proviennent du cimetière de Ronsenac, situé entre l'église et la Verrerie et utilisé sans interruption depuis l'époque romaine.

Nos bulletins ne donnent, sur ce cimetière, qu'une mention sommaire, à propos d'un vase à bec du moyen-âge recueilli dans une tombe à auge (2).

M. C. Barrière Flavy, en 1892, a donné sur cette nécropole le renseignement suivant :

« Le cimetière moderne, dit-il, occupe précisément la
« place de l'ancien. Aussi n'est-il pas étonnant de voir
« exhumer à tout instant par le fossoyeur des pièces de
« bronze, des fragments de poterie, des ossements. Cette
« circonstance fâcheuse entraîne la disparition journa-
« lière des derniers restes de cette nécropole... sans
« aucun profit pour la science.

---

(1) *Revue de l'Ecole d'anthropologie de Paris*, décembre 1908, p. 420.

(2) G. Chauvet, *Anciens vases à bec*. Bul. Soc. arch. et hist. de la Charente, 1899, p. XCII.

« M. Lièvre a parfaitement indiqué l'existence et la « découverte de vases, plaques, boucles de ceinturons, fibules » (1).

Plusieurs de ces objets sont conservés à la mairie de Ronsenac, et il y aurait un réel intérêt à en faire une étude attentive qui donnerait de nouveaux documents sur diverses questions pendantes, relatives aux Francs et aux Wisigoths (2).

En attendant qu'un travail d'ensemble soit publié sur ce curieux cimetière, voici l'indication de quelques pièces en provenant.

1º *Manche de poignard* de M<sup>lle</sup> Roche. La fig. 1 représente cette intéressante pièce, le manche est taillé dans un morceau d'ivoire soigneusement poli et orné de fins cordons en hélice séparés par des lignes creuses ; une virole en cuivre rattachait ce manche à la lame. La partie supérieure est une tête d'aigle en cuivre coulé, ornée de plumes soigneusement gravées dans le métal.

Cette pièce a été trouvée dans une tombe à inhumation et appartenait probablement à un riche personnage du III<sup>e</sup> au V<sup>e</sup> siècle ; la lame n'a pas été recueillie, elle était peut-être à deux tranchants comme celle des petites dagues (*pugio*) d'usage commun à Rome ; portées à gauche sans fourreau par les officiers supérieurs et, sous l'empire, par les grands personnages et par les empereurs eux-mêmes, pour indiquer leur pouvoir de vie et de mort (3).

B. de Montfaucon en reproduit un exemplaire muni d'un manche terminé en tête de bélier (4).

L'ivoire était très prisé par les Romains qui d'abord le réservaient aux temples des Dieux et aux insignes des

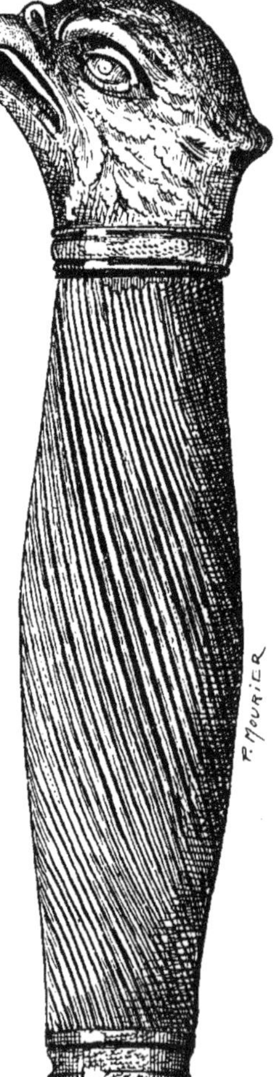

Fig. 1.

(1) C. Barrière-Flavy, *Études sur les sépultures barbares du midi et de l'ouest de la France. Industrie wisigothique*. Paris, 1892, in-4°, pag. 193.

(2) Voir à ce sujet les discussions qui eurent lieu après les découvertes d'Herpes entre le baron de Baye, A. F. Lièvre, Ph. Delamain, C. Barrière-Flavy, etc...

(3) A. Rich, *Dictionnaire des antiquités romaines et grecques*. Paris, 1861, art. *Pugio*.

(4) Dom. Bernard de Montfaucon, *L'antiquité expliquée et représentée en figures*. Paris, 1722, 2<sup>e</sup> édition, t. IV, pl. 24, f. 6.

magistrats ; sous l'empire, avec le développement du luxe, on y tailla les poignées d'épées et les manches de poignards (1).

2° *Grain de collier*. Petite perle en forme d'olive, percée dans le sens de son grand axe (0,01), en matière blanche ressemblant plutôt à de la porcelaine qu'à du verre ; elle est ornée au milieu d'une ligne circulaire peinte en vert et portant de chaque côté des cercles aplatis qui donnent à l'ensemble une vague ressemblance avec une tige munie de feuilles ovales.

Ce type de perle est assez rare on ne trouve pas le similaire dans les nombreuses figures coloriées données par Baudot, Barrière-Flavy, de Baye, Boulanger, etc.

Cependant on pourrait le rapprocher de la fig. 113 (album d'Herpes), bien que cette dernière perle soit plus grande et sans ornement (2).

3° M. G. Chauvet présente, en outre, une petite plaque en bronze, formée de deux feuilles juxtaposées, fig. 2, qu'il a recueillie dans ce cimetière le 20 avril 1872, au cours de la fouille d'une tombe à auge, dans les terres de recouvrement contenant des débris remaniés de tuiles romaines. L'une des faces porte une ornementation serpentiforme, souvent employée sur les plaques barbares, et dont l'origine semble nous venir du Nord (3).

(1) Alfred Jacob, art. *ebur* dans *Dict. des antiquités grecques et romaines* (Daremberg et Saglio), p. 446.

(2) Ph. Delamain, *Le cimetière d'Herpes* (loc. cit.) pl. XVI.

(3) Henri Baudot, *Mém. sur les sépultures barbares de l'époque mérovingienne, découvertes en Bourgogne et particulièrement à Charnay*. Paris, 1860, in-4°, pl. X, fig. 12-13.

O. Montélius, *Les temps préhistoriques en Suède et dans les autres pays scandinaves*. Paris, Leroux, in-8°. Comparer l'ornementation de notre fig. 2 avec la fig. 240, plaque ornant un fourreau d'épée de Fionie.

O. Rygh, *Noske Oldsager, Antiquités norvégiennes. Le premier âge du fer*. Paris, Nilsson, 1880, fig. 199. Garniture latérale d'un fourreau d'épée.

C. Barrière-Flavy, *Les arts industriels des peuples barbares de la Gaule du V° au VIII° siècle*. Paris, Picard, 1901, in-4°, pl. LII, fig. 2. Agrafe du musée de Namur.

L'autre est ornée de dents de loup, motif plus rare que le précédent mais que l'on retrouve sur divers objets de cette époque notamment à Herpes (1).

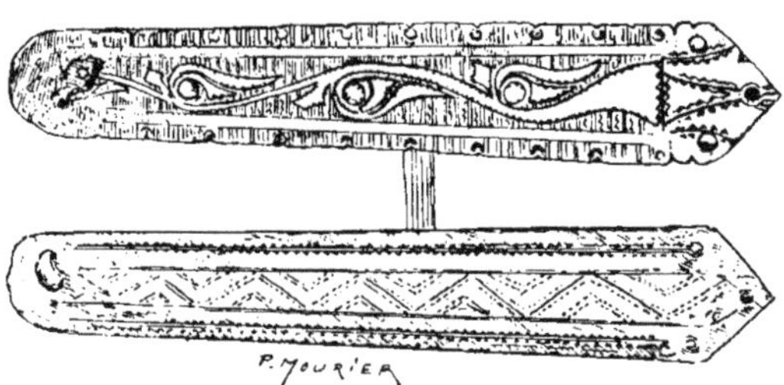



Fig. 2.

Cette pièce n'est point une de ces franges de ceinture analogues à celles reproduites par M. C. Barrière-Flavy, *Etude...* pl. XXVII, mais une plaque qui devait être fixée sur une lanière de cuir.

4° En 1873, M. G. Chauvet eut l'occasion d'examiner soigneusement un scramasaxe trouvé dans une tombe de Ronsenac. En voici les dimensions exactes :

Longueur totale de l'arme .............. 0,50
Longueur du manche................... 0,17
Longueur de la lame.................. 0,33
Largeur du manche à son extrémité..... 0,02
    »         » près de la lame ..... 0,045
Largeur de la lame près du manche ..... 0,065
Epaisseur du dos de la lame ............ 0,01

Le tranchant et le dos de la lame s'inclinent également vers la pointe où ils se réunissent par une courbe à peu près égale de chaque côté de la pointe. Van Bastelaer qui a fait une étude spéciale de ces armes a constaté deux autres types, dans l'un le tranchant est droit et le dos

(1) C. Barrière-Flavy, *Etude...* loc. cit. Voir l'ornementation des fibules digitées, pl. 3, fig. 5 ; pl. 4, fig. 1 et 4.
Ph. Delamain, loc. cit., pl. 13, fig. 86.

seul se courbe vers la pointe ; dans l'autre c'est le dos qui est droit et le tranchant se courbe (1).

La poignée porte encore les traces d'une armature en bois. Malgré la décomposition du métal. il est facile de constater une forte rainure le long de la lame. longeant le dos (2).

Ces armes sont en général moins grandes dans le nord de la Gaule et en Belgique que dans les régions orientales où dominèrent les Burgondes. Tous les scramasaxes de la Bourgogne cisjurane sont plus grands que celui de Ronsenac, ils varient entre 0 $^m$ 52 et 0 $^m$ 785 de lon gueur (3).

MM. Pilloy et Eck pensent qu'ils n'apparaissent qu'aux VII$^e$ et VIII$^e$ siècles. M. C. Barrière-Flavy est porté à croire qu'ils ont été en usage à tous les temps de la conquête (4). Assez rares dans l'Ouest et dans les sépultures barbares du Midi. ils ont été recueillis en Charente. à Saint-Séverin et à Herpes (5).

5° Une plaque de ceinture en bronze à gros clous a été vue en 1873 ; elle pourrait être comparée à celle recueillie par Galzain dans le cimetière de Saint-Séverin (6).

Il y a une quarantaine d'années on trouva entre la Verrerie et l'église une grande tranchée large à sa partie supérieure de 3 mètres. moins large dans le fonds et et profonde d'environ 3 mètres ; elle était remplie de cendres et d'ossements humains. Etait-ce la trace d'un de ces *puticuli* fosses communes où l'on jettait les esclaves et les misérables qui ne pouvaient faire la dépense d'une tombe particulière ou d'un bûcher ? Etait-ce l'*ustrinum* où l'on brûlait le corps ? (7)

---

(1) C. Barrière-Flavy, *Les arts*, loc. cit., t. I, p. 32.

(2) Abbé Cochet, *Sépultures gauloises, romaines, franques et normandes*. Paris, 1857, in-8°. p. 209.

(3) C. Barrière-Flavy, *Les arts*, loc. cit., t. I, p. 33.

(4) Id., p. 465.

(5) C. Barrière-Flavy, *Etude*, p. 44.

(6) B. Galzain, *Note sur les sépultures de Saint-Séverin*, dans Bull. Soc. arch. et hist. de la Charente, 1867, page 379, pl. II.

(7) A. Rich, loc. cit., art. *puticuli*, *ustrina*.

Les renseignements recueillis à ce sujet sont trop peu précis pour permettre une hypothèse sérieuse..., d'autant plus que, jusqu'à ce jour, il n'a pas été signalé, sur ce point. de sépultures à incinération.

En 1872. M. G. Chauvet a noté deux pierres tombales fixées debout, dans le mur du cimetière ; elles avaient environ 1 m 80 de large et la partie au-dessus du sol émergeait de 1 m 50.

L'une portait, au milieu, gravées assez profondément. une hache emmanchée, une doloire et, dans le bas, une petite plaque rectangulaire.

L'autre n'avait pour ornement qu'une pelle-bêche, munie de son manche.

M. Guérin Boutaud a photographié quelques objets provenant du cimetière de Ronsenac et conservés à la mairie de cette commune, notamment ceux ci-après dont on trouvera les analogues dans le mémoire de Ph. Delamain publié dans nos Bulletin, 1892 :

a) Une plaque en bronze analogue à celles d'Herpes, fig. 24 des planches.

b) Une boucle en bronze, fig. 27.

c) Une fibule digitée, fig. 23, 86.

Bien que les anciens auteurs ne nous aient rien appris sur le cimetière de Ronsenac, l'observation nous montre que cette localité, peu éloignée de la voie romaine de Saintes à Périgueux « *chemin boine* » (1), a été occupée à l'époque romaine ; les barbares s'y sont installés et y ont laissé de nombreuses traces ; au XIII<sup>e</sup> siècle, lors de la construction de l'Eglise, le centre d'habitation devait avoir une importance supérieure à celle actuelle.

La publication des documents et trouvailles diverses conservés à la mairie de Ronsenac permettraient certainement de préciser bien des points obscurs de cette histoire locale.

_______

(1) A. F. Lièvre, *Les chemins gaulois et romains entre la Loire et la Gironde*. Niort, L. Clouzot, 1893, in-8°, 2<sup>e</sup> éd. p. 86.

www.ingramcontent.com/pod-product-compliance
Ingram Content Group UK Ltd.
Pitfield, Milton Keynes, MK11 3LW, UK
UKHW031734170726
13836UKWH00002B/659